Salat

VARIATIONEN

Impressum

Genehmigte Ausgabe
Bellavista ist ein Imprint
des Karl Müller Verlages
Silag Media AG
Liebigstr. 1-9
40764 Langenfeld

Rezeptverzeichnis

Vorwort

Sehr verehrte Leserin, sehr verehrter Leser,

wer gerne gut isst, Freude daran hat Gäste mit gelungenen Speisen zu verwöhnen und schon die Zubereitung als Kocherlebnis empfindet – der wird diese Sammlung mit gekonnt zusammengestellten und mehrfach erprobten Rezepten immer wieder gerne zur Hand nehmen.

Dieser Ratgeber, der Teil einer umfangreichen Reihe weiterer Themen ist, vermittelt das Know-how, mit dem Ihnen garantiert alles gelingt. Selbst alltägliche Gerichte werden raffinierter. Ihre persönliche Rezeptsammlung wächst, und die neu gewonnenen Kochkünste werden Ihre Gäste begeistern. Geselliges Beisammensein mit der Familie, mit Freunden und Bekannten gehört zu einem ausgefüllten Leben dazu. Gemeinsames Kochen, Backen oder Grillen hat sich längst zu einer beliebten Freizeitbeschäftigung entwickelt.

Die Titel-Überschrift „lecker und einfach" übermittelt die Botschaft, dass die Zubereitung raffinierter Gerichte auch nicht sehr aufwändig sein muss: Fachgeschäfte, Supermärkte und die Tiefkühltheke Ihres Discounters bieten heutzutage eine reiche Auswahl an Produkten und Zutaten an, die jede der beschriebenen Rezeptvariationen möglich macht. Und dabei müssen wir auch gar nicht einmal tief in die Tasche greifen, um uns diesen Luxus und das Erlebnis des eigenen Kochvergnügens leisten zu können.
Mit dieser Rezeptsammlung haben wir einen Ratgeber geschaffen, der alle Informationen und Tipps bietet, um das Kochvergnügen – mit garantiertem Erfolg – in vollen Zügen genießen zu können.

Viel Spaß dabei und einen guten Appetit.

Herzlichst Ihr

Siegfried Lapawa
Verleger Karl Müller Verlag

Salat Caesar

4 Portionen 1 Kopf Eisbergsalat 2 Brötchen oder eine entsprechende Menge Weißbrot 2 Knoblauchzehen 10 El Olivenöl 12 Sardellenfilets	1 Messerspitze Salz frisch gemahlener schwarzer Pfeffer 2 El Zitronensaft 1 Ei 100 g frisch geriebener Parmesankäse

Pro Portion ca. 480 kcal / 2010 kJ

1 Die äußeren Salatblätter entfernen und den Strunk beschneiden. Den Salatkopf in daumenbreite Scheiben schneiden und diese in der Mitte halbieren. Die Salatscheiben in eine weite Schale legen.
Das Brot entrinden und würfeln. Die Knoblauchzehen abziehen und pressen.

2 4 Esslöffel Olivenöl in einer Pfanne erhitzen und darin die Brotwürfel mit dem Knoblauch wenden, bis sie rundherum goldbraun geröstet sind. Die Brotwürfel aus der Pfanne heben und auf Küchenpapier legen. Die Sardellenfilets trockentupfen. Vier davon zusammenrollen und für die Garnitur aufheben. Die restlichen 8 Sardellenfilets fein hacken.

3 Salz, Pfeffer und Zitronensaft rühren, bis sich das Salz aufgelöst hat. 6 Esslöffel Olivenöl und dann das Ei unterschlagen. Die Marinade über den Eisbergsalat verteilen.

4 Die Sardellen und die Brotwürfel über den Salat streuen und einen Teil des frisch geriebenen Parmesan darüber verteilen.

Salat Caesar servieren, erst bei Tisch mischen und dabei den restlichen Parmesan unterheben.

MK

Salat mit rohem Spargel

4 Portionen
8 Frühlingszwiebeln
100 g Zuckerschoten
Salz
4 Stangen weißer Spargel
2 Bund Rucola

Marinade:
1/2 Bund glatte Petersilie
1 Prise Zucker
frisch gemahlener weißer Pfeffer
1 TL mittelscharfer Senf
1 EL Zitronensaft
2 EL Estragonessig
6 EL Traubenkernöl

Pro Portion ca. 190 kcal / 810 kJ

1 Die Frühlingszwiebeln abziehen, putzen und das dunkelgrüne Ende abschneiden. Die Zuckerschoten putzen, eventuell die Fäden abziehen und die Schoten waschen.

2 Reichlich Wasser zum Kochen bringen, leicht salzen und die Zuckerschoten hineingeben. Wenn das Wasser wieder kocht, die Frühlingszwiebeln zugeben und beide Gemüse noch knapp 1 Minute blanchieren. Abgießen, kalt spülen oder in Eiswasser legen.

3 Den Spargel waschen, schälen und die Enden beschneiden. Die Stangen diagonal in etwa 5 cm lange, dünne Scheiben schneiden. Die Rucolablätter von den Stielen schneiden, den Salat verlesen, waschen und trockenschleudern.

4 Die Petersilie waschen, trockenschütteln und die Blätter fein hacken. Für die Marinade je 1 Prise Salz und Zucker, Pfeffer, Senf, Zitronensaft und Estragonessig verrühren und das Traubenkernöl unterschlagen. Die gehackte Petersilie in die Marinade rühren.

5 Sehr lange oder dicke Frühlingszwiebeln quer beziehungsweise längs halbieren, ebenso große Zuckerschoten halbieren. Alle Salatzutaten mit der Marinade mischen.

Frühlingssalat mit Wildkräutern

4 Portionen
4 Wachteleier
Löwenzahn, Spitzwegerich und Giersch, insgesamt 150 g
8 Kirschtomaten
1/2 Bund Frühlingszwiebeln
1/4 Salatgurke
1 Knoblauchzehe
Salz
frisch gemahlener schwarzer Pfeffer
3 EL Sherry-Essig
1 TL Honig
6 EL Sonnenblumenöl

Pro Portion ca. 220 kcal / 940 kJ

1 Etwas Wasser in einem kleinen Topf zum Kochen bringen. Die Wachteleier anstechen und etwa 5 Minuten hart kochen. In kaltem Wasser abschrecken und schälen.

2 Die Wildkräuter verlesen, waschen und trockenschütteln. Die Kirschtomaten waschen und halbieren. Die Frühlingszwiebeln waschen, putzen und in feine Ringe schneiden. Die Salatgurke längs halbieren, die Kerne entfernen und die Hälften in dünne Scheiben schneiden.

3 Wildkräuter, Tomatenhälften und Gurkenscheiben dekorativ auf großen Tellern anrichten. Die Zwiebelringe darüber streuen, die Wachteleier längs halbieren und dazu legen.

4 Für die Vinaigrette den Knoblauch abziehen, fein würfeln und zusammen mit Salz, Pfeffer und Essig verrühren. Den Honig zugeben, das Öl kräftig unterschlagen und die Sauce abschmecken. Den angerichteten Salat damit beträufeln.

Kapuzinersalat

4 Portionen
250 g möglichst kleine Pfifferlinge
2 Scheiben dunkles Bauernbrot
2 Knoblauchzehen
200 g geräucherter Schweinebauch
4 EL Öl, Salz
frisch gemahlener schwarzer Pfeffer
2 Bund Brunnenkresse
20 Knospen von Kapuzinerkresse
einige Kapuzinerkresseblüten zum Garnieren
3 EL Sherry-Essig
1 EL Brühe
6 El Sonnenblumenöl

Pro Portion ca. 460 kcal / 1910 kJ

1 Die Pfifferlinge putzen, eventuell in einem Sieb kurz abbrausen und auf Küchenpapier gut trocknen. Große Pilze zerteilen.

2 Die Brotscheiben entrinden und würfeln. Die Knoblauchzehen abziehen und fein hacken. Den Schweinebauch in kleine Streifen schneiden.

3 4 Esslöffel Öl in einer weiten Pfanne erhitzen. Die Brotwürfel und den Knoblauch zugeben und kurz wenden.

4 Das Brot herausheben und den Schweinebauch und die Pfifferlinge bei guter Mittelhitze wenden und braten. Zuletzt leicht salzen, pfeffern und aus der Pfanne heben.

5 Die Brunnenkresse verlesen, alle dicken Stengel entfernen, die Blätter waschen und trockenschleudern. Knospen und Blüten der Kapuzinerkresse verlesen.

6 1 Messerspitze Salz, frisch gemahlenen Pfeffer, Essig und Brühe verrühren. Den Bratensatz aus der Pfanne nur zugeben, wenn er nicht zu schwarze Röststoffe enthält. Das Sonnenblumenöl unterschlagen.

7 Alle Salatzutaten einschließlich Kresseknospen mit der Marinade mischen, portionsweise anrichten und mit den Kresseblüten garnieren.

Radicchio-Chicoréesalat

4 Portionen
2 Radicchioköpfe, 250 g
2 Chicorées, 250 g
100 g Roquefort-Käse
50 g Walnusskerne
1 Kästchen Gartenkresse
Salz
frisch gemahlener schwarzer Pfeffer
2 EL Balsamico-Essig
1 EL Walnussöl
3 EL neutrales Pflanzenöl (z. B. Sonnenblumenöl)

Pro Portion ca. 260 kcal / 1100 kJ

1 Vom Radicchio die äußeren Blätter entfernen, die Wurzeln schälen, die Köpfe vierteln und jedes Viertel samt Wurzelanteil in 4 bis 6 Scheiben schneiden.

2 Den Chicorée putzen und waschen, am Wurzelende eine Scheibe abschneiden und den leicht bitteren Strunk keilförmig herausschneiden. Den Chicorée quer in dünne Scheiben schneiden und mit dem Radicchio mischen.

3 Den Roquefort würfeln. Die Walnusskerne halbieren oder grob hacken. Beides unter den Salat mischen und anrichten.

4 Die Kresse in kleinen Sträußchen abschneiden und den Salat damit garnieren. Salz, Pfeffer und den Essig verquirlen, dann beide Ölsorten kräftig unterschlagen, bis die Sauce sämig ist. Abschmecken und über den Salat träufeln, einmal vorsichtig durchmischen und sofort servieren.

Babyavocado-Salat

4 Portionen	Salz
400 g Babyavocados	frisch gemahlener schwarzer Pfeffer
2 EL Zitronensaft	etwas Cayennepfeffer
125 g Cocktailtomaten	4 EL Apfelessig
75 g Brunnenkresse	2 EL Walnussöl
einige Blätter Friséesalat	4 EL neutrales Pflanzenöl
3 Frühlingszwiebeln	

Pro Portion ca. 290 kcal / 1200 kJ

1 Die Babyavocados schälen, in Scheiben schneiden und sofort in Zitronensaft wenden.

2 Die Cocktailtomaten waschen und halbieren oder in Scheiben schneiden.

3 Die Brunnenkresse waschen und verlesen, grobe Stiele abzwicken. Den Friséesalat waschen, trockenschleudern, putzen und mundgerecht zerzupfen.

4 Die Frühlingszwiebeln putzen, waschen und in feine Ringe schneiden.

5 Salz, schwarzen Pfeffer, Cayennepfeffer und den Essig verquirlen, dann beide Ölsorten unterschlagen. Würzig abschmecken.

Alle vorbereiteten Zutaten auf 4 Tellern anrichten, das Dressing darüber träufeln.

Pilzsalat mit rotem Lollo

4 Portionen
75 g durchwachsener Räucherspeck
50 g Haselnusskerne
1 kleine Knoblauchzehe
4 EL Balsamico-Essig
Salz
frisch gemahlener schwarzer Pfeffer
3 EL natives Olivenöl
1 EL Haselnussöl
350 g große, feste Egerlinge
1/2 Kopf roter Lollo
75 g Rucola

Pro Portion ca. 290 kcal / 1200 kJ

1 Den Räucherspeck klein würfeln und in einer Pfanne bei mittlerer Hitze ausbraten. Die Haselnusskerne hacken und mit anbraten, den Knoblauch abziehen und dazupressen. Alles aus der Pfanne heben und beiseite stellen.

2 Die Pfanne vom Herd nehmen, etwas abkühlen lassen, dann den Essig hineingießen und die Röststoffe ablösen. In eine Schüssel umfüllen, mit Salz und Pfeffer würzen und beide Ölsorten unterschlagen.

3 Die Egerlinge abreiben, putzen und in Scheiben schneiden. Lollo und Rucola waschen, trockenschütteln und mundgerecht zerzupfen. Auf 4 Tellern anrichten und die Pilze darauf geben.

Schweinebauch-Nussmischung aufstreuen und das Dressing darüber träufeln. Sofort servieren.

Salat von rohen Artischocken

4 Portionen	Saft von 2 Zitronen
1/2 TL Salz	6 EL Traubenkernöl
frisch gemahlener weißer Pfeffer	1 Stück frischer Parmesan zum Hobeln, ca. 150 g
8-12 Babyartischocken, je nach Größe	1 Bund Basilikum

Pro Portion ca. 330 kcal / 1360 kJ

1. Das Salz mit Pfeffer und Zitronensaft verrühren, bis sich das Salz gelöst hat. Die Marinade in eine weite Schale gießen, um die Artischocken darin zu wenden.

2. Die Artischocken waschen, entblättern, schälen und beschneiden. Die geputzten Artischocken samt den Stielen der Länge nach in möglichst dünne Scheiben schneiden und alle frisch geschnittenen Scheiben sofort in der Zitronenmarinade wenden.

3. Die marinierten Artischockenscheiben portionsweise anrichten. 3 Esslöffel Zitronenmarinade mit dem Traubenkernöl sämig aufschlagen und über die Artischocken träufeln. Den Parmesan möglichst dünn darüber hobeln.

4. Das Basilikum waschen, trockenschütteln, die Blättchen abzupfen und über den Artischockensalat streuen. Sofort servieren.

Hinweis:
Verwenden Sie möglichst kleine Babyartischocken, weil diese zarter sind, also besser 12 kleine als 8 größere Artischocken kaufen. Der Unterschied im Arbeitsaufwand ist unerheblich.

Tomatensalat

4 Portionen	1/2 TL Salz
600 g Strauchtomaten	1 Prise Zucker
1 gelbe Paprikaschote	1/2 TL scharfer Senf
1 große weiße Zwiebel	2 EL weißer Weinessig
1 Bund Schnittlauch	4 EL natives Olivenöl
1 Knoblauchzehe	frisch gemahlener schwarzer Pfeffer

Pro Portion ca. 150 kcal / 630 kJ

1 Die Tomaten waschen, trocknen, in Scheiben schneiden und dabei den Stielansatz entfernen. Die Paprikaschote waschen, trocknen, am Stielansatz aufschneiden und entkernen.

2 Die Schote in halbe Ringe schneiden. Die Zwiebel abziehen und je nach Größe in halbe oder ganze, feine Ringe hobeln. Den Schnittlauch waschen, trockenschütteln und in feine Röllchen schneiden.

3 Die Knoblauchzehe abziehen und pressen. Mit Salz, Zucker, Senf und Weinessig verrühren. Das Olivenöl unterschlagen, bis die Marinade sämig ist.

4 Tomaten, Paprika und Zwiebel abwechselnd auf einer Platte anrichten und mit der Marinade beträufeln. Schwarzen Pfeffer frisch darüber mahlen und den Salat mit dem Schnittlauch bestreuen.

Syrischer Radieschensalat

4 Portionen
4 Knoblauchzehen
1 TL Salz
500 g türkischer Joghurt
2 frische rote Chilischoten
1 Bund Radieschen
1 Bund glatte Petersilie
1 EL schwarze Oliven ohne Stein
2 EL natives Olivenöl

Pro Portion ca. 170 kcal / 700 kJ

1 Die Knoblauchzehen abziehen, hacken und in einem Mörser mit dem Salz zerdrücken. Die Knoblauchpaste gut mit dem Joghurt verrühren.

2 Die Chilischoten entkernen, fein hacken und zur Joghurtsauce geben. Die welken Blätter von den Radieschen entfernen, die Radieschen samt Grün sowie die Petersilie waschen und trockenschütteln.

3 Alles grob hacken, in eine Salatschüssel geben und mit der Joghurtsauce vermischen. Zugedeckt im Kühlschrank 30 Minuten ziehen lassen.

Vor dem Servieren das Olivenöl zugeben und noch einmal gut durchmischen.

Mozzarella mit Tomate

4 Portionen	Salz
2 Mozzarella-Käse	frisch gemahlener schwarzer Pfeffer
6 Eiertomaten oder	4 Zweige Basilikum
4 große Strauchtomaten	Grissini mit Schinken
2 EL Balsamico-Essig	16 dicke oder 32 dünne Grissini
2 EL natives Olivenöl	8 Scheiben Parmaschinken

Pro Portion ca. 470 kcal / 1960 kJ

1 Den Mozzarella gut abtropfen lassen und in Scheiben schneiden. Die Tomaten waschen, trocknen und in nicht zu dünne Scheiben schneiden, dabei den Stielansatz entfernen.

2 Käse- und Tomatenscheiben abwechselnd auf einer Platte auslegen und mit Essig und Öl beträufeln.

3 Die Tomatenscheiben salzen, über das ganze Gericht reichlich Pfeffer mahlen und die Basilikumblätter grob gezupft darüber verteilen.

Gedünsteter Zwiebelsalat

4 Portionen	100 ml Weißwein
1 Bund Frühlingszwiebeln	Marinade:
1 Lauchstange, 1 Knoblauchzehe	Saft von 1/2 Zitrone
1 große Gemüsezwiebel	1 EL milder Weinessig
1 kleine weiße Zwiebel	frisch gemahlener Pfeffer
1 rote Zwiebel, 2 EL Öl	1/2 TL Delikatesssenf
4 Schalotten, 10 Perlzwiebeln	4 EL neutrales Öl, Salz
100 g geräucherter Schweinebauch	1 Bund glatte Petersilie

Pro Portion ca. 260 kcal / 1100 kJ

1 Die dunkelgrünen Enden von Frühlingszwiebeln und Lauchstange abschneiden, die Stangen putzen, waschen und den Lauch in dicke Ringe schneiden. Alle anderen Zwiebeln abziehen. Die große Gemüsezwiebel quer in nicht zu dünne Scheiben schneiden. Die kleine weiße und rote Zwiebel in Spalten schneiden. Schalotten je nach Größe halbieren oder vierteln, die Perlzwiebeln ganz lassen.

2 Den Schweinebauch würfeln und im heißen Öl etwas ausbraten. Die Knoblauchzehe abziehen, pressen, einrühren und die Zwiebeln zugeben. Kurz wenden und mit Weißwein löschen. Deckel auflegen und die Zwiebeln bei mittlerer Hitze ca. 15 Minuten dünsten lassen. Dann herausheben und zum Abkühlen in eine weite Schale legen.

3 Den Sud aus der Pfanne, Zitronensaft, Essig, Salz, Pfeffer und Senf glatt rühren und mit dem Öl zu einer sämigen Sauce aufschlagen. Mit dieser Marinade den lauwarmen Salat gleichmäßig beträufeln und anschließend kühl stellen. Nicht in den Kühlschrank!

Die Petersilie waschen, trockenschütteln, die Blätter fein hacken und über den Salat streuen.

Blumenkohlsalat mit Minze

4 Portionen
1 kleiner Blumenkohl
2 Möhren
Salz
4-6 Knoblauchzehen
1 kleine Zwiebel
4 EL Zitronensaft
1 EL Orangenblütenwasser
1 Prise gemahlener Kreuzkümmel
1 Prise Cayennepfeffer
1/2 TL Paprikapulver edelsüß
1 TL Zucker
8 EL Olivenöl
1/2 Bund frische Minze
1 EL Sesamsaat

Pro Portion ca. 270 kcal / 1140 kJ

1 Den Blumenkohl in Röschen brechen und waschen. Die Möhren putzen, der Länge nach halbieren und in Scheiben schneiden.

2 Den Blumenkohl in leicht gesalzenem, kochenden Wasser ca. 6 Minuten köcheln lassen, dann die Möhren zufügen und weitere 5 Minuten garen.In der Zwischenzeit die Knoblauchzehen und die Zwiebel abziehen und fein hacken.

3 Aus Zitronensaft, Orangenblütenwasser, Kreuzkümmel, Cayennepfeffer, Paprikapulver, Zucker und Olivenöl eine Marinade anrühren. Knoblauch und Zwiebel zufügen und etwas ziehen lassen.

4 Das Gemüse abgießen, unter kaltem Wasser kurz abschrecken und gut abtropfen lassen. Noch lauwarm in eine Salatschüssel geben und mit der Marinade übergießen. Alles gut durchmischen und den Salat bei Zimmertemperatur etwas durchziehen lassen.

5 Die Minze waschen, trockenschütteln und die Blätter grob hacken. Die Sesamsaat in einer trockenen Pfanne rösten. Minze und Sesamsaat vor dem Servieren über den Salat geben.

Speck-Krautsalat

6 Portionen
1 Kopf Weißkohl, ca. 1 kg
Salz
10 EL Essig
1/4 l Brühe
1 TL Kümmel
250 g Frühstücksspeck
Salz
frisch gemahlener Pfeffer

Pro Portion ca. 320 kcal / 1330 kJ

1 Den Weißkohl vierteln, den Strunk entfernen und den Kohl fein hobeln.

2 Das gehobelte Kraut in leicht gesalzenem, kochenden Wasser 1 Minute blanchieren. Abgießen, abtropfen lassen und noch heiß in eine Salatschüssel umfüllen.

3 Den Essig mit der Brühe und dem Kümmel erhitzen und über das Kraut gießen. Den Frühstücksspeck fein würfeln und in einer trockenen Pfanne auslassen.

4 Die Speckwürfel unter den Salat heben und mit Salz und Pfeffer abschmecken. Den Krautsalat zugedeckt 1 bis 2 Stunden durchziehen lassen.

Kohlröschen auf römische Art

2 Portionen
250 g Cimone- oder Brokkoliröschen
Salz
50 g magerer Bauchspeck
2 EL natives Olivenöl
1 Knoblauchzehe
1 kleine, frische rote Chilischote
2 EL Zitronensaft

Pro Portion ca. 200 kcal / 850 kJ

1 Die Kohlröschen putzen, waschen, die Stiele abschneiden und in kleine Stücke zerschneiden. Zugedeckt in wenig Salzwasser etwa 8 Minuten dünsten.

2 Inzwischen den Bauchspeck klein würfeln, mit 1 Esslöffel Olivenöl in einer Pfanne ausbraten. Den Knoblauch abziehen, dazu pressen und kurz anschwitzen.

3 Die Chilischote aufschlitzen, die kleinen Kerne sorgfältig entfernen, die Schote hacken und ebenfalls in die Pfanne geben.

4 Den Zitronensaft mit etwas Salz verrühren, das übrige Öl mit dem Schneebesen unterschlagen, bis eine sämige Sauce entstanden ist. Den Bauchspeck untermischen und dann den abgetropften Kohl darin wenden. Einige Minuten durchziehen lassen.

Deftiger Linsensalat

4 Portionen	7 EL Sonnenblumenöl
350 g Linsen	2 Knoblauchzehen
1 l Instant-Brühe	1 TL Salz
1/2 rote Paprikaschote	frisch gemahlener schwarzer Pfeffer
1 Zwiebel	4 EL Sherry-Essig
200 g Kalbskäse oder Putenleberkäse	1 EL Himbeeressig
200 g geräucherter Schweinebauch	2 EL Kürbiskerne

Pro Portion ca. 810 kcal / 3410 kJ

1 Die Linsen mit der Brühe zum Kochen bringen und nach 20 Minuten eine Garprobe machen.

2 Inzwischen die Paprikaschote putzen, waschen, trocknen und fein würfeln. Die Zwiebel abziehen und sehr fein würfeln.

3 Den Kalbskäse in mundgerechte Würfel schneiden. Den Schweinebauch in Streifen oder Würfel schneiden.

4 1 Esslöffel Öl in einer Pfanne erhitzen, den Schweinebauch rundherum goldbraun braten und aus der Pfanne heben. Den Bratensatz in der Pfanne mit 4 Esslöffel Linsenbrühe loskochen.

5 Die Knoblauchzehen abziehen und pressen. Mit Salz, Pfeffer und den beiden Essigsorten verrühren. Den Sud aus der Pfanne zugeben und 6 Esslöffel Öl unter die Marinade schlagen. Die Paprika- und Zwiebelwürfel zur Marinade geben.

6 Die gegarten Linsen abgießen und noch warm mit allen Salatzutaten mischen. Den Salat 1 Stunde ziehen lassen und dann mit Essig und frisch gemahlenem Pfeffer kräftig abschmecken.

Zum Linsensalat passt Schnittlauchbrot.

Bohnensalat mit Knoblauch

4 Portionen
400 g dicke weiße Bohnen
Salz
4 Knoblauchzehen
4 nicht zu scharfe rote Chilischoten
4 Frühlingszwiebeln
1/2 Bund Koriandergrün(ersatzweise glatte Petersilie)
4 EL Essig
8 EL Olivenöl
frisch gemahlener schwarzer Pfeffer

Pro Portion ca. 500 kcal / 2100 kJ

1 Die Bohnen über Nacht oder mehrere Stunden mit Wasser bedeckt quellen lassen und dann mit dem Einweichwasser zum Kochen bringen. Die Bohnen gut 1 Stunde köcheln lassen und erst salzen, wenn sie weich werden.

2 Inzwischen die Knoblauchzehen abziehen und der Länge nach in Stifte schneiden. Die Chilischoten putzen, aufschlitzen, entkernen und grob hacken. Die Frühlingszwiebeln abziehen, putzen, waschen und in feine Ringe schneiden. Den Koriander waschen, trockenschütteln und die Blätter hacken.

3 Aus Essig und Olivenöl eine Marinade rühren und die gegarten Bohnen noch warm darin wenden. Die Bohnen mit Salz abschmecken, kräftig mit Pfeffer würzen und mit Knoblauch und Chilischoten vermengen. Erst, wenn der Bohnensalat abgekühlt ist, die Frühlingszwiebeln und das Koriandergrün zugeben.

Den Salat vor dem Servieren möglichst 1 Stunde zugedeckt ziehen lassen.

Bohnensalat mit Schafskäse

4 Portionen
150 g weiße Bohnen
150 g rote Bohnen
Salz
280 g tiefgefrorener Mais
8 Schalotten
200 g Schafskäse
1 Bund Petersilie
2 Knoblauchzehen
frisch gemahlener schwarzer Pfeffer
3 EL Weißweinessig
1 TL Zitronensaft
5 EL Distelöl

Pro Portion ca. 610 kcal / 2540 kJ

1 Die weißen und roten Bohnen getrennt mindestens 8 Stunden in reichlich Wasser einweichen, am besten über Nacht.

2 Die Bohnen getrennt in ihrem Einweichwasser ca. 1 Stunde kochen. Gegen Ende der Kochzeit leicht salzen. Dann abtropfen und auskühlen lassen.

3 Die Maiskörner ca. 30 Minuten auftauen. Die Schalotten abziehen und vierteln. Den Schafskäse würfeln. Die Petersilie waschen, von den groben Stielen befreien und grob hacken.

4 Bohnen, Maiskörner, Schalotten, Käse und Petersilie in einer Schüssel vorsichtig vermischen.

5 Den Knoblauch abziehen und fein hacken. Zusammen mit 1 Prise Salz, Pfeffer, Essig, Zitronensaft und Öl zu einer Marinade verrühren und über den Salat gießen. Mindestens 30 Minuten ziehen lassen.

Carpaccio vom Seeteufel

4 Portionen
500 g Seeteufel (Lotte) vom Schwanzende, küchenfertig gehäutet
3 Limetten
1 TL rosa Pfefferkörner
Salz
frisch gemahlener weißer Pfeffer
4 EL Olivenöl
8 Babyavocados

Pro Portion ca. 440 kcal / 1830 kJ

1 Den Seeteufel in Alufolie wickeln und mindestens 2 Stunden einfrieren.

2 4 Teller vorkühlen. 2 Limetten waschen, trocknen, und mit dem Juliennereißer von der Schale dünne, kurze Streifen abziehen. Alle 3 Limetten auspressen. Die rosa Pfefferkörner im Mörser stoßen.

3 Den gefrorenen Seeteufel mit der Aufschnittmaschine oder einem sehr scharfen Messer in möglichst dünne Scheiben schneiden und auf den vorgekühlten Tellern auslegen.

4 Den Carpaccio mit Salz und frisch gemahlenem weißen Pfeffer bestreuen und den Limettensaft darüber träufeln. Etwas Limettensaft für die Avocados aufheben. Limettenschale und gestoßenen rosa Pfeffer über die Fischscheiben verteilen. Den Carpaccio mit Öl beträufeln und die Teller wieder in den Kühlschrank stellen.

5 Die Babyavocados schälen und der Länge nach in Scheiben schneiden. Je 2 Avocados auf einem Teller fächerartig anrichten und mit dem restlichen Limettensaft beträufeln.

Den Carpaccio gut gekühlt servieren und Baguette und Butter dazu reichen.

Garnelencocktail

4 Portionen
300 g gekochte, geschälte Garnelenschwänze
200 g Cocktailtomaten
4 Frühlingszwiebeln
5 EL Naturjoghurt
2 EL Crème fraîche
f3 EL Tomatenketchup
1 Zitrone
1 Prise Zucker
frisch gemahlener Pfeffer
1 Messerspitze Cayennepfeffer
4 Salatblätter

Pro Portion ca. 160 kcal / 650 kJ

1 Die Garnelen in einem Sieb kurz abbrausen und abtropfen lassen. Die Tomaten und die Frühlingszwiebeln waschen. Tomaten vierteln, das Weiße der Frühlingszwiebeln hacken und einen Teil des grünen Zwiebellauchs in feine Röllchen schneiden.

2 Für die Sauce Joghurt, Crème fraîche und Tomatenketchup verrühren. Mit dem Saft von 1/2 Zitrone, Salz, Zucker, Pfeffer und Cayennepfeffer pikant würzen.

3 Garnelen, Tomaten und Frühlingszwiebeln in eine Schüssel geben und mit der Sauce mischen. Zugedeckt etwas durchziehen lassen.

4 Die Salatblätter waschen und trockenschütteln. 4 Glasschälchen mit den Salatblättern auslegen und den Garnelencocktail darauf anrichten. Jeweils eine Zitronenscheibe an den Rand stecken.

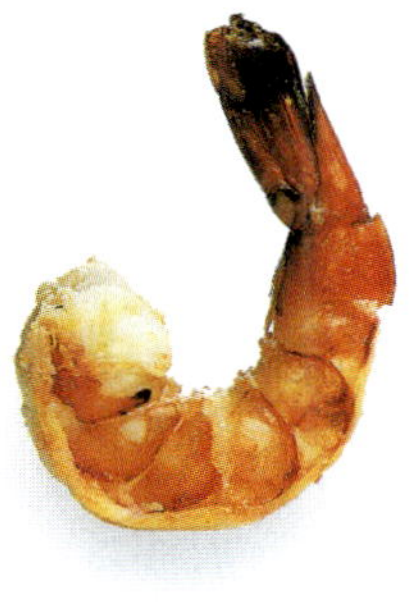

Avocadosalat Acapulco

4 Portionen
Marinade:
1/2 kleine, frische Ananas, ca. 200 g
1 kleine rote Zwiebel
1 Bund glatte Petersilie
3 EL Zitronensaft
Salz
frisch gemahlener weißer Pfeffer
3 EL neutrales Keimöl
Salat:
1 Dose Palmitos (Palmherzen), 220 g
1 große, reife Avocado
200 g gekochte, geschälte Garnelenschwänze

Pro Portion ca. 280 kcal / 1190 kJ

1. Die Ananas schälen und vierteln, das harte Mittelstück herausschneiden und das Fleisch klein würfeln. Die Zwiebel abziehen und sehr fein hacken. Die Petersilie waschen, von den Stielen befreien und ebenfalls sehr fein hacken.

2. Zitronensaft, Salz und Pfeffer verquirlen. Das Öl kräftig unterschlagen, so dass die Sauce leicht sämig wird, mit den obengenannten Zutaten vermischen und abschmecken.

3. Die Palmitos abtropfen lassen und in dicke Scheiben schneiden. Die Avocado halbieren, vom Kern drehen, schälen und in dünne Scheiben schneiden. Die Scheiben dann noch quer halbieren.

4. Palmitos, Avocadostücke und Garnelen vorsichtig mit der Marinade vermischen. Nochmals abschmecken, dann möglichst frisch servieren.

Löwenzahnsalat mit Brathähnchen

4 Portionen
1/2 gegrilltes Brathähnchen
2 Knoblauchzehen
1 EL Sojasauce
3 EL Balsamico-Essig
2 EL Brühe
Salz
1 Prise Salz
1 TL frische grüne Pfefferkörner
200 g junge Löwenzahnblätter
1 Bund Gärtner- oder Brunnenkresse
1 Zwiebel
2 harte Eier
6 EL Traubenkernöl

Pro Portion ca. 390 kcal / 1620 kJ

1 Die Haut von dem gegrillten Brathähnchen entfernen. Fleisch von den Knochen lösen und in Streifen schneiden.

2 Die Knoblauchzehen abziehen und sehr fein hacken oder durch die Knoblauchpresse drücken.

3 Sojasauce, Essig, Brühe, Knoblauch, Salz, Zucker und Pfefferkörner zu einer Marinade verrühren. Das Hühnerfleisch in eine kleine Schüssel geben, die Marinade darüber gießen. Zugedeckt mindestens 1 Stunde durchziehen lassen.

4 Den Löwenzahn verlesen, harte Stiele herausschneiden. Die Blätter waschen und in einem Sieb gut abtropfen lassen.

5 Die Kresse unter fließendem Wasser waschen, trockenschütteln und von groben Stielen befreien. Die Zwiebel abziehen und in feine Ringe schneiden.

6 Löwenzahn und Kresse auf 4 große Salatteller verteilen. Hühnerfleisch, Zwiebelringe und Eischeiben darauf anrichten.

7 Die Marinade mit dem Öl verrühren, abschmecken und über die Salatzutaten verteilen.

Gebratene Gänsestopfleber

4 Portionen
1 Gänsestopfleber, ca. 300 g
Salz
10 Artischockenherzen (Dose)
1 Eichblattsalat
frisch gemahlener weißer Pfeffer
3 EL Sherry-Essig
2 EL Walnussöl
4 EL Traubenkernöl
100 g geklärte Butter

Pro Portion ca. 490 kcal / 2050 kJ

1 Die Gänsestopfleber in zwei Teile brechen. Alle Häutchen abziehen und die an der Innenseite sichtbaren Adern herausziehen, ohne die Leber zu zerbröckeln. Die Leber in etwa 1 cm dicke Scheiben schneiden und leicht salzen.

2 Für den Salat die Artischockenherzen abtropfen lassen, in dicke Scheiben schneiden und auf einer Platte anrichten.

3 Den Eichblattsalat putzen, waschen, trockenschleudern und um die Artischockenherzen herum arrangieren.

4 Salz, weißen Pfeffer, Essig und Ölsorten zu einer Marinade rühren und den Salat und die Artischocken damit beträufeln.

5 Die geklärte Butter erhitzen und die Leberscheiben darin bei starker Hitze kurz sautieren.

6 Sofort auf den Artischocken anrichten, mit etwas heißem Bratfett beträufeln und Pfeffer frisch darüber mahlen.

Die Gänseleberscheiben sollen außen knusprig braun, innen noch cremig sein.

Friséesalat mit Zuckerschoten

4 Portionen	1 EL Weißweinessig
150 g Zuckerschoten	1 EL Zitronensaft
Salz	4 EL Traubenkernöl oder anderes
1/2 Kopf Friséesalat	kalt gepresstes Keimöl
1 Schalotte	250 g Kalbsleber
frisch gemahlener schwarzer Pfeffer	2 EL Öl

Pro Portion ca. 210 kcal / 880 kJ

1 Die Zuckerschoten waschen und putzen. In wenig Salzwasser 3 Minuten dünsten. In Eiswasser legen, dann gut abtropfen lassen.

2 Den Friséesalat putzen, waschen, trockenschütteln und zerzupfen. Mit den Zuckerschoten auf 4 Tellern anrichten.

3 Die Schalotte abziehen und winzig klein würfeln. Mit Salz, Pfeffer, Essig und Zitronensaft verrühren, dann das Salatöl unterschlagen. Über den Salat träufeln.

4 Die Leber waschen, abtrocknen, häuten und in 1/2 cm breite Streifen schneiden. Mit Pfeffer würzen.

5 Das Öl in einer Pfanne erhitzen, die Leberstreifen darin 1 bis 2 Minuten sautieren, salzen und auf den Salat legen. Zum Schluss noch Pfeffer direkt aus der Mühle darüber mahlen.

Carpaccio mit grünem Spargel

4 Portionen
Grüne Sauce
1 Bund glatte Petersilie
1 Bund Schnittlauch
1/2 Bund Basilikum oder Dill
2 EL Zitronensaft
1 Messerspitze Salz
frisch gemahlener Pfeffer
4 EL natives Olivenöl
750 g grüner Spargel
8 Frühlingszwiebeln
Salz
4 Eier
300 g Carpaccio vom Rind oder
400 g Rinderfilet am Stück

Pro Portion ca. 560 kcal / 2330 kJ

1 Die Kräuter waschen, trockenschleudern und die Blättchen von den Stängeln zupfen, beziehungsweise den Schnittlauch verlesen. Die Kräuter grob hacken. Zitronensaft mit Salz und Pfeffer verrühren und das Olivenöl unterschlagen. Die Kräuter mit der Marinade vermischen und zugedeckt in den Kühlschrank stellen.

2 Je nach dem wie zart der grüne Spargel ist, seine unteren Enden abbrechen oder das untere Drittel schälen. Die Frühlingszwiebeln waschen, putzen und das grüne Ende bis auf 3 cm abschneiden.

3 Den Spargel in Salzwasser 8 Minuten garen, herausheben und gut abtropfen lassen. Die Frühlingszwiebeln im sprudelnd kochenden Spargelwasser 1-2 Minuten blanchieren, herausheben und kurz in eiskaltes Wasser legen.

4 Die Eier 8 Minuten kochen, abschrecken, pellen und halbieren. Den Carpaccio auf 4 Teller verteilen und in etwas grüner Sauce wenden. Eventuell zusätzlich mit frisch gemahlenem Pfeffer bestreuen. Spargel und Frühlingszwiebeln auf die Teller verteilen und mit der grünen Sauce überziehen. Je ein Ei halbieren und dazulegen.

Mit Ciabatta oder Bruschetta reichen.

Rinderfilet und Spargel

4 Portionen
400 g weißer Spargel
400 g grüner Spargel
Salz
500 g Rinderfilet (aus der Filetmitte)
frisch gemahlener weißer Pfeffer
4 EL neutrales Pflanzenöl
6 EL Balsamico-Essig
10 EL natives Olivenöl
einige Rosmarinspitzen
6 Zweige frischer Thymian
Zitronenmelisse zum Bestreuen

Pro Portion ca. 650 kcal / 2711 kJ

1 Weißen Spargel waschen, schälen und in wenig kochendem Salzwasser ca. 15 Minuten dünsten. Grünen Spargel nur im unteren Drittel schälen und nur 8 bis 10 Minuten dünsten. Abtropfen lassen.

2 Das Rinderfilet sauber parieren und rundherum pfeffern. In neutralen Öl in einer Pfanne scharf anbraten, dann salzen und bei etwas reduzierter Hitze insgesamt 8 bis 10 Minuten weiter braten. Es soll innen noch roh bleiben.

3 Inzwischen Essig, Olivenöl, Rosmarinspitzen und die abgezupften Thymianblättchen in eine Pfanne geben und langsam erhitzen. Dabei immer wieder mit einem Schneebesen verschlagen. Vom Herd nehmen.

4 Das Rinderfilet in möglichst dünne Scheiben schneiden. Von beiden Seiten durch die warme Marinade ziehen, mit den Spargelstangen anrichten und mit Melisse bestreuen.

Rinderfilet auf Rucola

4 Portionen
800 g Rinderfilet aus der Mitte
Salz
frisch gemahlener schwarzer Pfeffer
4 Knoblauchzehen
4 EL Olivenöl
4 Bund Rucola
6 EL Balsamico-Essig
4 EL natives Olivenöl

Pro Portion ca. 490 kcal / 2040 kJ

1 Das Rinderfilet parieren, trockentupfen und mit Salz und Pfeffer einreiben. Die Knoblauchzehen abziehen, aber ganz lassen.

2 Das Öl in einer Pfanne stark erhitzen und das Filet und die Knoblauchzehen einlegen. Das Filet rundherum scharf anbraten, insgesamt etwa 10 Minuten. Die Knoblauchzehen entfernen, wenn sie schwarz werden.

3 Den Backofen auf 80°C vorheizen. Das Filet aus der Pfanne heben, in den Backofen stellen und 20 Minuten ruhen lassen. Nach dieser Zeit ist es im Kern noch rot. Soll es stärker durchgebraten sein, das Filet in der Pfanne bei mittlerer Hitze weitere 10 Minuten braten und dann erst vor dem Anschneiden ruhen lassen.

4 Inzwischen die Rucola verlesen, grobe Stiele entfernen, die Blätter waschen, trockenschütteln und je nach Länge halbieren oder dritteln. 4 Teller mit der Rucola auslegen.

5 Das Filet nach dem Ruhen in 1 cm dicke Scheiben schneiden und auf die Rucola legen. Möglichst grob gemahlenen schwarzen Pfeffer darüber streuen. Jede Fleischportion mit 1 1/2 Esslöffel Balsamico-Essig beträufeln und je 1 Esslöffel Olivenöl über Salat und Fleisch verteilen.

Variation: Pinienkerne in einer trockenen Pfanne rösten und darüber streuen.

MK

Straccietti alla romana

4 Portionen	150 g Rucola
500 g schiere Rinderlende am Stück	6 EL Öl
2 frische rote Chilischoten	Salz
2 Knoblauchzehen	2 TL Sardellenpaste
	2 EL weißer Weinessig

Pro Portion ca. 380 kcal / 1570 kJ

1 Die gründlich von Fett und Haut befreite Rinderlende in Alufolie wickeln und mindestens 2 Stunden in das Gefrierfach legen, da-mit man sie anschließend dünn aufschneiden kann.

2 Die Chilischoten putzen, entkernen und in kleine Quadrate schneiden. Die Knoblauchzehen abziehen und hacken oder der Länge nach halbieren und in feine Scheibchen schneiden.

3 Die Rucola verlesen, waschen und trockenschütteln. Die Blättchen nur grob zerteilen. Die angefrorene Rinderlende am besten mit der Maschine (Allesschneider) dünn aufschneiden und die Scheiben getrennt von einander auslegen.

4 Das Öl in 2 weiten Bratpfannen erhitzen. Chilischoten und Knoblauch zugeben und einmal wenden - nicht braun werden lassen! Jeweils die Hälfte der Fleischscheiben in die Pfannen geben. Bei starker Hitze unter Rütteln und Wenden rundherum anbraten.

5 Das Fleisch schwach salzen. Die Sardellenpaste mit dem Essig verrühren und die Fleischportionen damit würzen. Zuletzt die Pfannen vom Herd nehmen, die Rucola mit dem Pfanneninhalt vermischen und die Straccietti sofort auf 4 vorgewärmte Teller verteilen.

Dazu schmeckt frisches Weißbrot.

Rindfleischsalat

4 Portionen
300 g gekochte, gepökelte Rinderzunge, 1/2 TL Salz
300 g gekochtes Rindfleisch (Reste von Tellerfleisch oder Tafelspitz), Marinade
6 EL milder Weißweinessig
1 TL scharfer Senf
frisch gemahlener schwarzer Pfeffer
1 kleine Knoblauchzehe, 8 EL Öl
2 Bund glatte Petersilie
12 Frühlingszwiebeln
12 Cornichons
Zum Garnieren
4-8 hart gekochte Wachteleier

Pro Portion ca. 590 kcal / 2450 kJ

1 Die Zunge und das Rindfleisch in etwa 3 cm breite Streifen teilen und diese quer in hauchdünne Scheibchen schneiden.

2 Für die Marinade den Weißweinessig mit Salz, Pfeffer und Senf verrühren, bis sich das Salz gelöst hat. Die Knoblauchzehe abziehen und in die Marinade pressen. Das Olivenöl mit einem Schneebesen einschlagen.

3 Die Petersilie putzen, waschen und trockenschütteln. Die Petersilienblätter grob hacken und in die Marinade rühren. Die Marinade mit Zunge und Rindfleisch gründlich vermengen und zugedeckt ziehen lassen.

Die Frühlingszwiebeln putzen und in feine Röllchen schneiden. Die Cornichons in feine Scheiben schneiden. Beides untermischen und den Salat zugedeckt im Kühlschrank mindestens 1 Stunde ziehen lassen. Danach abschmecken, jedenfalls kräftig pfeffern und mit halbierten Wachteleiern garnieren.

Dazu schmeckt Bauernbrot mit Butter.

GRÄFRATHS VIELFÄLTIGER GAUMENSCHMAUS

Im **Hotel Gräfrather Hof** – in einer der schönsten Regionen im Bergischen Land gelegen – finden Sie die Freiheit und den Rahmen, schöne Dinge zu erfahren. Wir machen Sie bekannt mit einer Welt sinnlichen Erlebens, privatem Charme, exzellentem Service und einer ausgezeichneten Küche. Genießen Sie einen komfortablen Aufenthalt rund um den 700-jährigen Gräfrather Marktplatz und lassen Sie sich kulinarisch verwöhnen.
Jeder Gast ist bei uns ein besonderer Gast und verdient den besten Service!

FLORIAN

Das Restaurant FLORIAN ist ein Ort für alle, die Wert auf eine außergewöhnliche, **internationale Küche,** exklusive Getränke und eine besondere Atmosphäre legen. Genießen Sie ab dem ersten Moment vollkommene Gastlichkeit und lassen Sie sich von unseren Köchen in die Welt der Haut Cuisine entführen.

Osteria da Felice

Mit Herz und Leidenschaft bereiten Felice und sein Team pfiffige und variantenreiche **italienische Köstlichkeiten.** Direkt vis á vis unseres Hotels.

Brauhaus Gräfrather Klosterbräu

Zwei Gehminuten vom Gräfrather Hof entfernt empfängt Sie stilvoll, uriges Ambiente. Hier lädt **klassische, deutsche Küche** – abgerundet durch erlesene Weine sowie hausgebrautes und prämiertes Bier zum gemütlichen Verweilen ein.

Hotel Gräfrather Hof

In der Freiheit 48, 42653 Solingen-Gräfrath
Tel.: 02 12 258 00 - 0, Fax: 02 12 258 00 - 800
info@hotel-graefratherhof.de

www.hotel-graefratherhof.de

GRÄFRATHER HOF
HOTEL • RESTAURANT
★ ★ ★ ★

GRÄFRATHER HOF

Gasthof
Gräfrather
Klosterbräu
Schänke

FLORIAN
BISTRO CAFÉ BAR

OSTERIA
da Felice

lecker und einfach

BELLAVISTA

Eine große Auswahl weiterer köstlicher Gerichte zum Nachkochen!

Mit vielen Bildern